Impressum
Verlag: BABADADA GmbH, Nedderfeld 112 , 22529 Hamburg
Geschäftsführer / Verlagsleitung: Harald Hof
Druck: Books on Demand GmbH, In de Tarpen 42, 22848 Norderstedt

Imprint
Publisher: BABADADA GmbH, Nedderfeld 112 , 22529 Hamburg, Germany
Managing Director / Publishing direction: Harald Hof
Print: Books on Demand GmbH, In de Tarpen 42, 22848 Norderstedt, Germany

Šola

Szkoła

Razred
Sala lekcyjna

Deljenje
dzielić

186/2

Šolsko dvorišče
Dziedziniec szkolny

Tabla
Tablica

Učitelj
Nauczyciel

Papir
Papier

Pisati
pisać

Pisalo
Pisak

Pisalna miza
Biurko

Ravnilo
Liniał

Knjiga
Książka

Učenec
Uczeń

Šolska torba

Plecak szkolny

Peresnica

Piórnik

Svinčnik

Ołówek

Šilček

Temperówka

Radirka

Gumka do mazania

Risalni blok

Blok rysunkowy

Risba

Rysunek

Čopič

Pędzel

Vodene barvice

Pudełko z akwarelami

Škarje

Nożyce

Lepilo

Klej

Zvezek

Książka do ćwiczenia

Domača naloga

Zadanie domowe

Število

Liczba

2+2

Seštevanje

dodawać

Odštevanje

odejmować

Množenje

mnożyć

Računanje

liczyć

Črka

Litera

Abeceda

Alfabet

Beseda

Słowo

Besedilo

Tekst

Brati

czytać

Kreda

Kreda

Učna ura

Godzina

Redovalnica

Dziennik lekcyjny

Preizkus znanja

Egzamin

Spričevalo

Świadectwo

Šolska uniforma

Mundurek szkolny

Izobrazba

Wykształcenie

Enciklopedija

Leksykon

Univerza

Uniwersytet

Mikroskop

Mikroskop

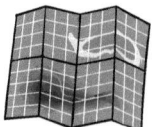

Zemljevid

Mapa

Koš za smeti

Kosz na odpadki

Potovanje
Podróż

Hotel
Hotel
Grand
Hostel
Schronisko
ROOMS
Menjalnica
Kantor wymiany walut
EXCHANGE
Kovček
Walizka
Avtomobil
Auto

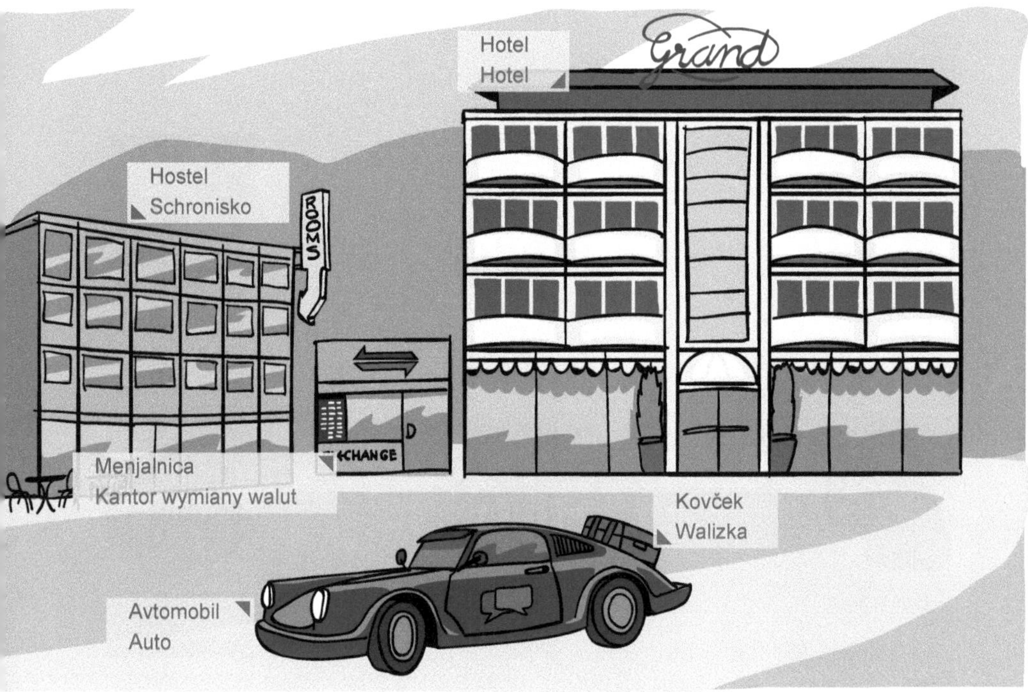

Jezik
Język

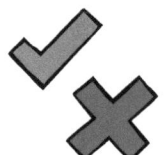

da / ne
tak / nie

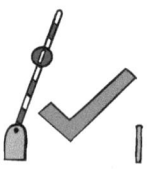

Prav
OK

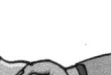

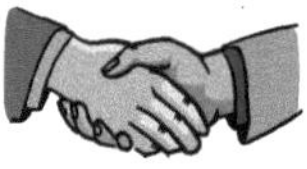

Pozdravljeni
Halo

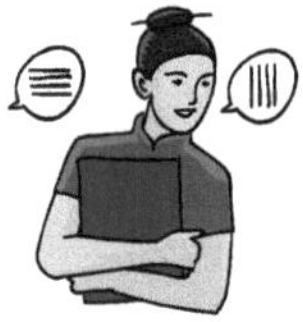

Prevajalec
Tłumacz

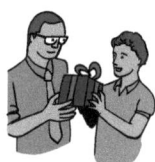

Hvala
Dziękuję

Koliko stane...?

Ile kosztuje ...?

Ne razumem

Nie rozumiem

Težava

Problem

Dober večer!

Dobry wieczór!

Dobro jutro!

Dzień dobry!

Lahko noč!

Dobranoc!

Nasvidenje

Do widzenia

Smer

Kierunek

Prtljaga

Bagaż

Torba

Torba

Nahrbtnik

Plecak

Gost

Gość

Soba

Pokój

Spalna vreča

Śpiwór

Šotor

Namiot

Turistične informacije

Informacja turystyczna

Plaža

Plaża

Kreditna kartica

Karta kredytowa

Zajtrk

Śniadanie

Kosilo

Obiad

Večerja

Kolacja

Vozovnica

Bilet

Dvigalo

Winda

Znamka

Znaczek na list

Meja

Granica

Carina

Cło

Veleposlaništvo

Ambasada

Vizum

Wiza

Potni list

Paszport

Prevoz

Transport

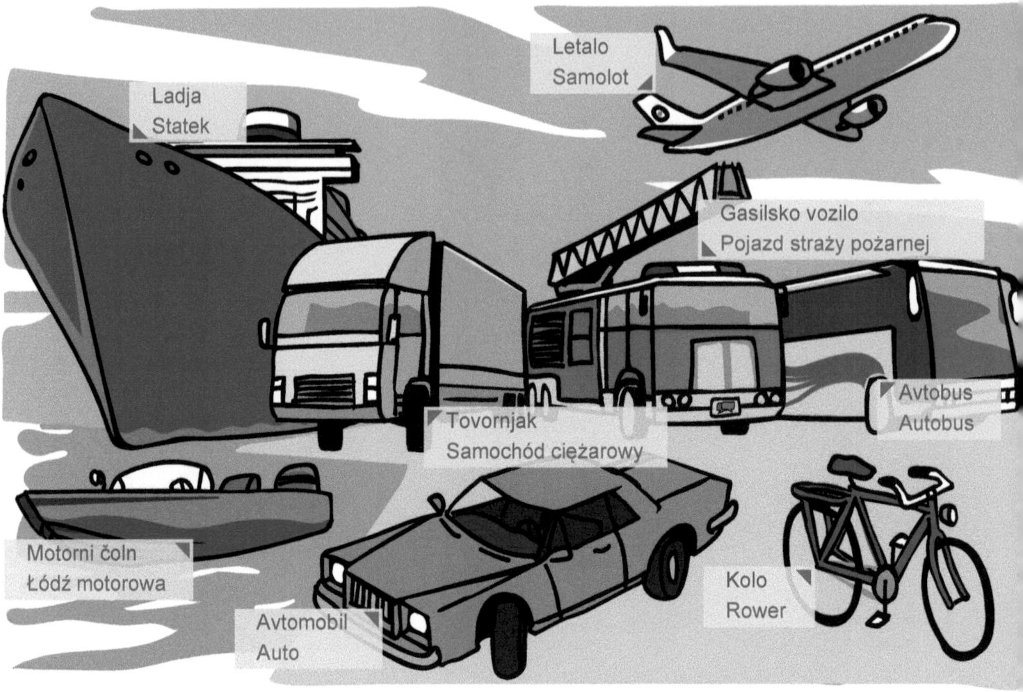
Letalo
Samolot
Ladja
Statek
Gasilsko vozilo
Pojazd straży pożarnej
Avtobus
Autobus
Tovornjak
Samochód ciężarowy
Motorni čoln
Łódź motorowa
Kolo
Rower
Avtomobil
Auto

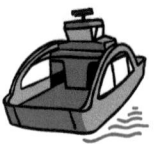

Trajekt

Prom

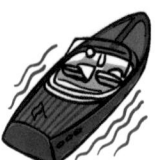

Čoln

Łódź

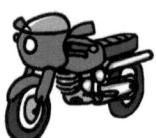

Motorno kolo

Motocykl

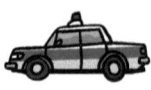

Policijski avto

Radiowóz policyjny

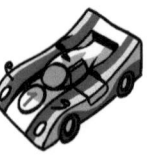

Dirkalni avto

Samochód wyścigowy

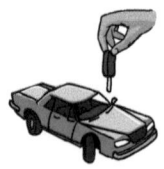

Najeto vozilo

Samochód wypożyczony

Souporaba avtomobila

Wspólne przejazdy samochodem

Avtovleka

Samochód pomocy drogowej

Smetarsko vozilo

Śmieciarka

Motor

Silnik

Gorivo

Benzyna

Bencinska postaja

Stacja benzynowa

Prometni znak

Znak drogowy

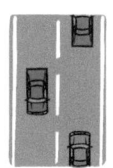

Promet

Ruch

Zastoj

Korek

Parkirišče

Parking

Železniška postaja

Dworzec

Tirnice

Szyny

Vlak

Pociąg

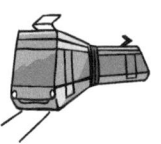

Tramvaj

Tramwaj

Vagon

Wagon

Helikopter

Helikopter

Letališče

Lotnisko

Stolp

Wieża

Potnik

Pasażer

Kontejner

Kontener

Karton

Karton

Voziček

Taczka

Košara

Kosz

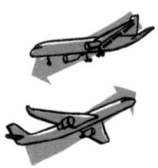

vzleteti / pristati

startować / lądować

Mesto
Miasto

Vas

Wieś

Mestno jedro

Centrum miasta

Hiša

Dom

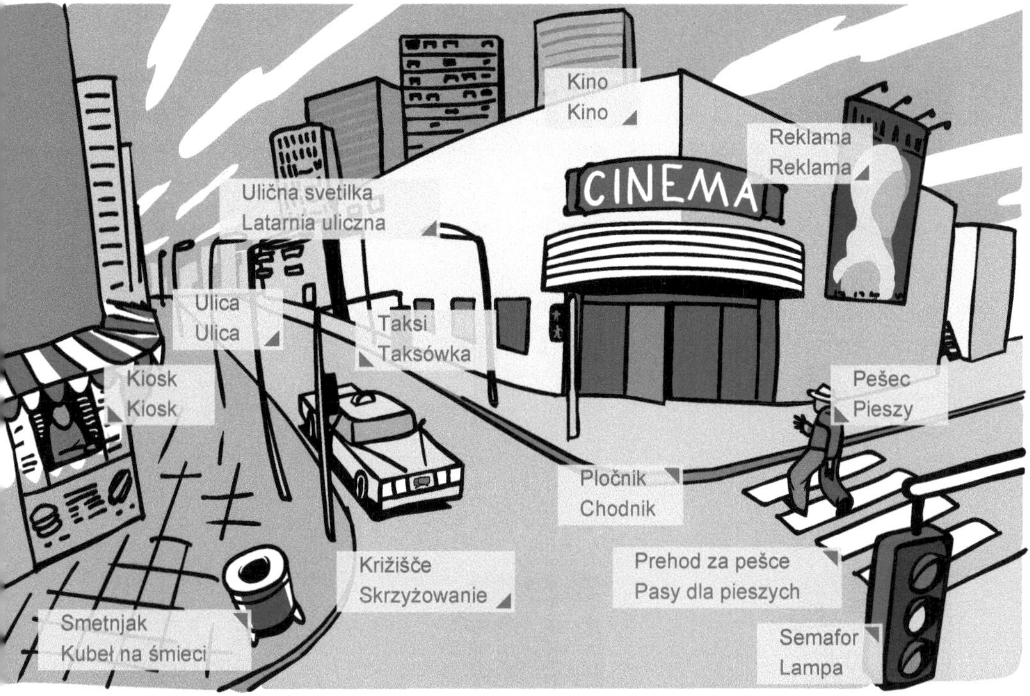

Kino
Kino

Reklama
Reklama

Ulična svetilka
Latarnia uliczna

CINEMA

Ulica
Ulica

Taksi
Taksówka

Pešec
Pieszy

Kiosk
Kiosk

Pločnik
Chodnik

Križišče
Skrzyżowanie

Prehod za pešce
Pasy dla pieszych

Smetnjak
Kubeł na śmieci

Semafor
Lampa

Koča
Chata

Stanovanje
Mieszkanie

Železniška postaja
Dworzec

Mestna hiša
Ratusz

Muzej
Muzeum

Šola
Szkoła

Univerza

Uniwersytet

Banka

Bank

Bolnišnica

Szpital

Hotel

Hotel

Lekarna

Apteka

Pisarna

Biuro

Knjigarna

Księgarnia

Trgovina

Sklep

Cvetličarna

Kwiaciarnia

Supermarket

Supermarket

Tržnica

Rynek

Veleblagovnica

Dom towarowy

Ribarnica

Sklep z rybami

Nakupovalno središče

Centrum handlowe

Pristanišče

Port

Park

Park

Klop

Ławka

Most

Most

Stopnice

Schody

Podzemna železnica

Metro

Predor

Tunel

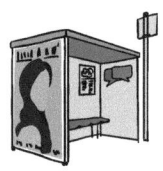

Avtobusno postajališče

Przystanek autobusowy

Bar

Bar

Restavracija

Restauracja

Poštni nabiralnik

Skrzynka na listy

Ulična tabla

Tabliczka z nazwą ulicy

Parkirna ura

Parkometr

Živalski vrt

Zoo

Kopališče

Łaźnia

Mošeja

Meczet

Kmetija

Gospodarstwo chłopskie

Onesnaževanje

Zanieczyszczenie środowiska

Pokopališče

Cmentarz

Cerkev

Kościół

Otroško igrišče

Plac zabaw

Tempelj

Świątynia

Pokrajina
Krajobraz

List
Liść

Kažipot
Drogowskaz

Pot
Droga

Travnik
Łąka

Kamen
Kamień

Drevo
Drzewo

Pohodnik
Wędrowiec

Reka
Rzeka

Trava
Trawa

Cvetlica
Kwiat

Dolina

Dolina

Hrib

Góra

Jezero

Jezioro

Gozd

Las

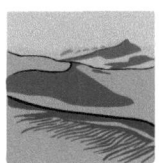

Puščava

Pustynia

Vulkan

Wulkan

Grad

Zamek

Mavrica

Tęcza

Goba

Grzyb

Palma

Palma

Komar

Komar

Muha

Mucha

Mravlja

Mrówka

Čebela

Pszczoła

Pajek

Pająk

Hrošč

Chrząszcz

Žaba

Žaba

Veverica

Wiewiórka

Jež

Jež

Zajec

Zając

Sova

Sowa

Ptič

Ptak

Labod

Łabędź

Divji prašič

Dzik

Jelen

Jeleń

Los

Łoś

Jez

Tama

Vetrnica

Wiatrak

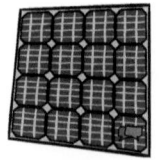

Solarna plošča

Moduł solarny

Podnebje

Klimat

Restavracija
Restauracja

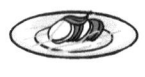

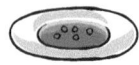

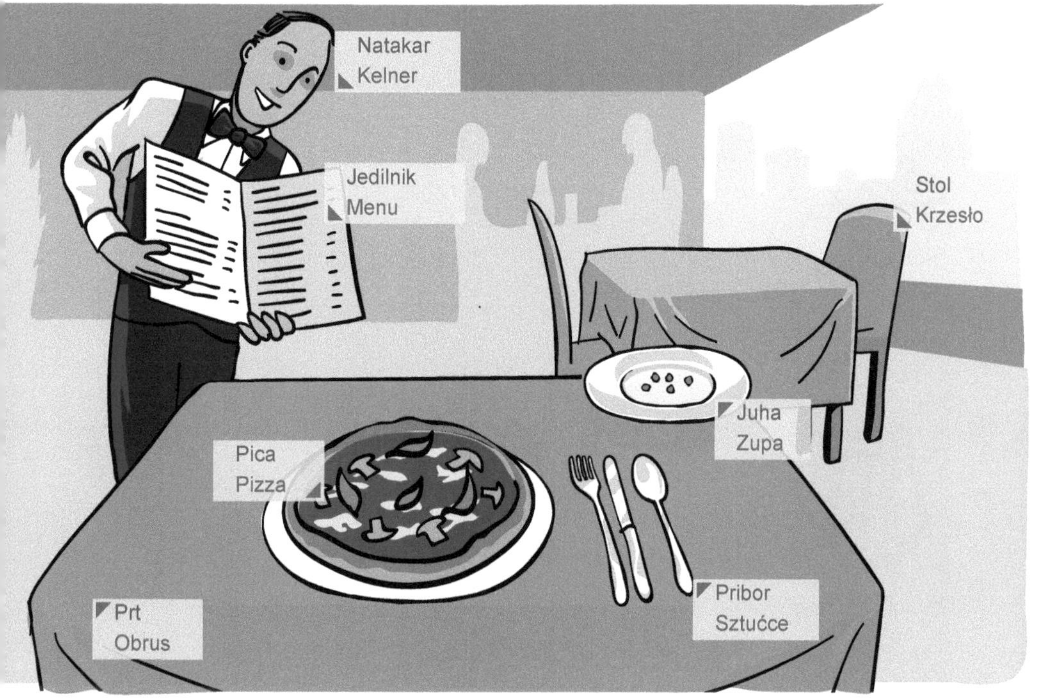
Natakar
Kelner
Jedilnik
Menu
Stol
Krzesło
Juha
Zupa
Pica
Pizza
Pribor
Sztućce
Prt
Obrus

Predjed
Przystawka

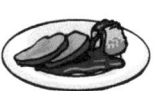

Glavna jed
Danie główne

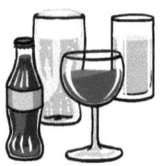

Sladica
Deser

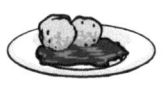

Pijače
Napoje

Hrana
Jedzenie

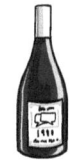

Steklenica
Butelka

Hitra hrana
Fastfood

Ulična hrana
Streetfood

Čajnik
Dzbanek na herbatę

Sladkornica
Cukierniczka

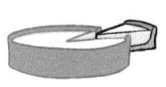

Porcija
Porcja

Aparat za espresso
Zaparzarka do espresso

Stolček za hranjenje
Krzesło dla dziecka

Račun
Rachunek

Pladenj
Taca

Nož
Nož

Vilica
Widelec

Žlica
Łyżka

Čajna žlička
Łyżeczka

Servieta
Serwetka

Kozarec
Szklanka

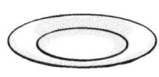

Krožnik

Talerz

Globoki krožnik

Talerz do zupy

Krožniček

Podstawek pod filiżankę

Omaka

Sos

Solnica

Solniczka

Mlinček za poper

Młynek do pieprzu

Kis

Ocet

Olje

Olej

Začimbe

Przyprawy

Kečap

Keczup

Gorčica

Musztarda

Majoneza

Majonez

Supermarket
Supermarket

Posebna ponudba
Oferta
FOR
Stranka
Klient
Mlečni izdelki
Produkty mleczne
Sadje
Owoce
Nakupovalni voziček
Wózek sklepowy

BUTCHERS

Mesnica

Rzeźnia

BAKERY

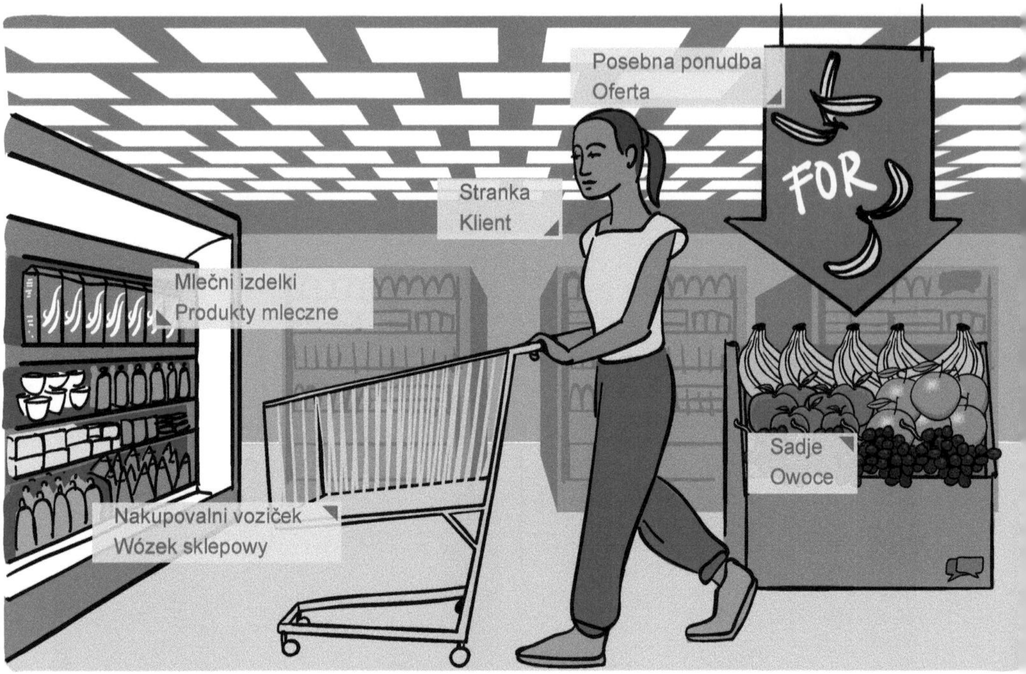

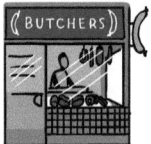

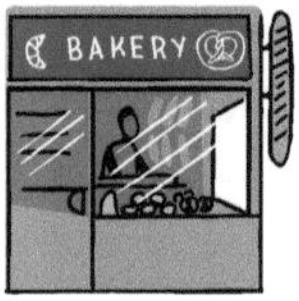

Pekarna

Piekarnia

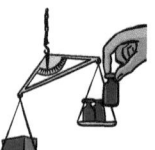

Tehtati

ważyć

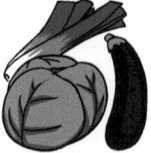

Zelenjava

Warzywa

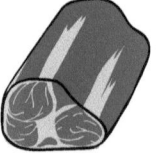

Meso

Mięso

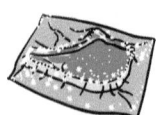

Zamrznjena hrana

Mrożonki

Hladne mesnine

Wędliny

Konzerve

Konserwy

Pralni prašek

Proszek m do prania

Sladkarije

Słodycze

Gospodinjski izdelki

Artykuły użytku domowego

Čistilno sredstvo

Środek czyszczący

Prodajalka

Sprzedawczyni

Blagajna

Kasa

Blagajnik

Kasjer

Nakupovalni seznam

Lista zakupów

Delovni čas

Godziny otwarcia

Denarnica

Portfel

Kreditna kartica

Karta kredytowa

Torba

Torba

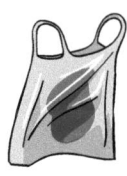

Plastična vrečka

Torebka plastikowa

Voda

Woda

Sok

Sok

Mleko

Mleko

Kola

Cola

Vino

Wino

Pivo

Piwo

Alkohol

Alkohol

Kakav

Kakao

Čaj

Herbata

Kava

Kawa

Espresso

Espresso

Kapučino

Cappuccino

Banana

Banan

Jabolko

Jabłko

Pomaranča

Pomarańcza

Lubenica

Arbuz

Limona

Cytryna

Korenje

Marchew

Česen

Czosnek

Bambus

Bambus

Čebula

Cebula

Goba

Grzyb

Oreščki

Orzechy

Rezanci

Makaron

Špageti

Spaghetti

Riž

Ryż

Solata

Sałatka

Ocvrt krompirček

Frytki

Pečen krompir

Ziemniaki pieczone

Pica

Pizza

Hamburger

Hamburger

Sendvič

Kanapka

Zrezek

Sznycel

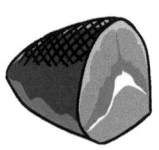

Šunka

Szynka

Salama

Salami

Klobasa

Kiełbasa

Piščanec

Kura

Pečenka

Pieczeń

Riba

Ryba

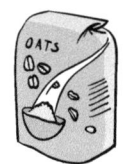

Ovseni kosmiči

Płatki owsiane

Musli

Musli

Koruzni kosmiči

Płatki kukurydziane

Moka

Mąka

Rogljiček

Croissant

Žemlja

Bułka

Kruh

Chleb

Prepečenec

Toast

Piškoti

Ciastka

Maslo

Masło

Skuta

Twarożek

Torta

Ciasto

Jajce

Jajko

Pečeno jajce na oko

Jajko sadzone

Sir

Ser

Sladoled

Lody

Sladkor

Cukier

Med

Miód

Marmelada

Marmolada

Čokoladni namaz

Krem nugatowy

Kari

Curry

Kmetija
Gospodarstwo chłopskie

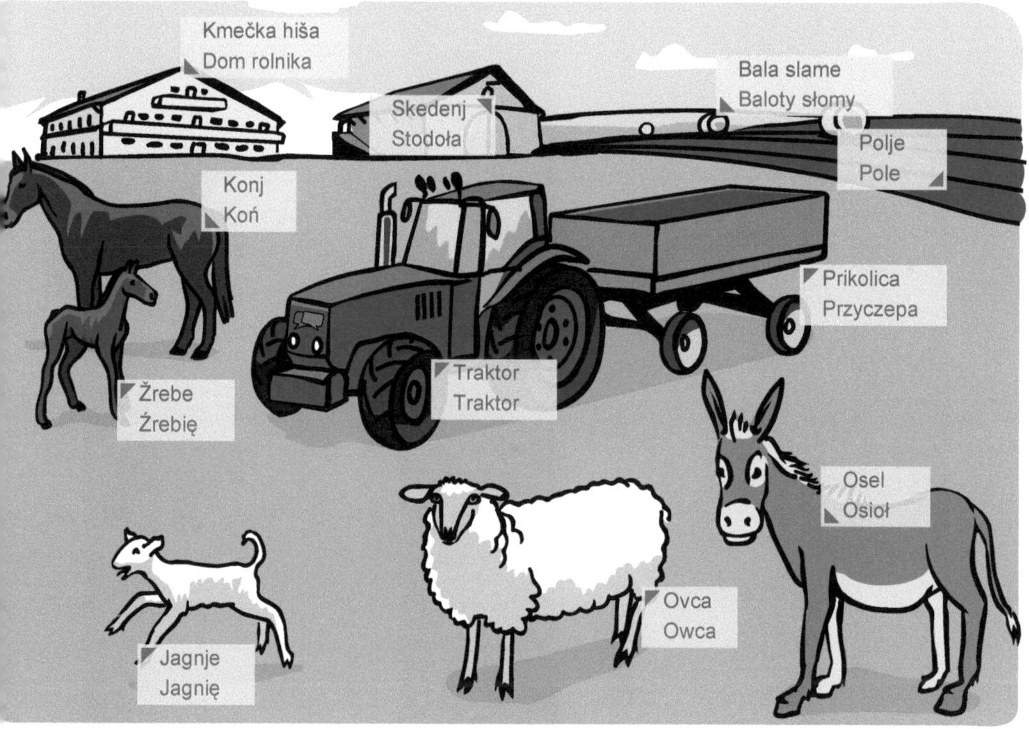
Kmečka hiša
Dom rolnika
Skedenj
Stodoła
Bala slame
Baloty słomy
Polje
Pole
Konj
Koń
Prikolica
Przyczepa
Traktor
Traktor
Žrebe
Źrebię
Osel
Osioł
Ovca
Owca
Jagnje
Jagnię

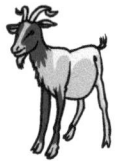

Koza
Koza

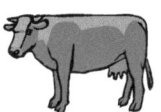

Krava
Krowa

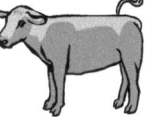

Tele
Cielę

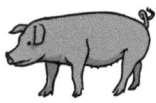

Prašič
Świnia

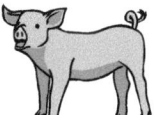

Pujsek
Prosię

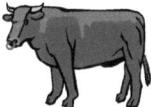

Bik
Byk

Gos

Gęś

Raca

Kaczka

Piščanec

Kurczątko

Kokoš

Kura

Petelin

Kogut

Podgana

Szczur

Mačka

Kot

Miš

Mysz

Vol

Osioł

Pes

Pies

Pasja uta

Buda dla psa

Cev za zalivanje

Wąż ogrodowy

Kangla za zalivanje

Konewka

Kosa

Kosa

Plug

Pług

Srp
Sierp

Motika
Graca

Vile
Widły

Sekira
Siekiera

Samokolnica
Taczka

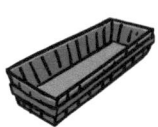

Korito
Koryto

Kangla za mleko
Kanka na mleko

Vreča
Worek

Ograja
Płot

Hlev
Stajnia

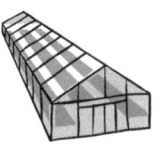

Rastlinjak
Szklarnia

Prst
Ziemia

Seme
Nasiona

Gnojilo
Nawóz

Kombajn
Kombajn zbożowy

Žeti

zbierać

Žetev

Żniwa

Jam

Podchrzyn

Pšenica

Pszenica

Soja

Soja

Krompir

Ziemniak

Koruza

Kukurydza

Oljna ogrščica

Rzepak

Sadno drevo

Drzewo owocowe

Maniok

Maniok

Žito

Zboże

Hiša
Dom

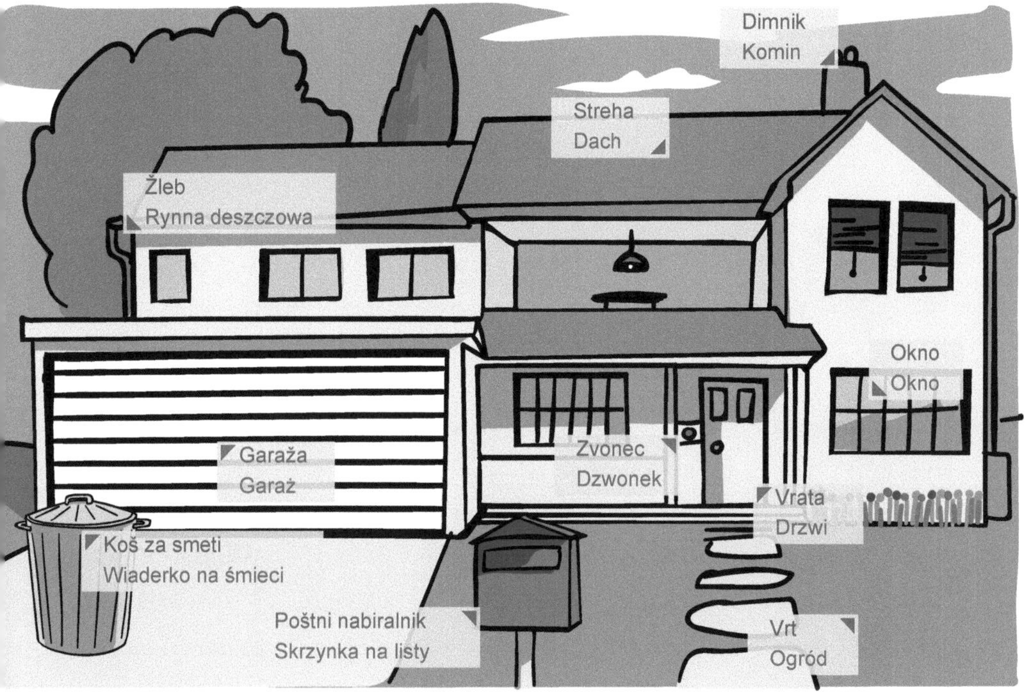
Dimnik
Komin
Streha
Dach
Žleb
Rynna deszczowa
Okno
Okno
Garaža
Garaż
Zvonec
Dzwonek
Vrata
Drzwi
Koš za smeti
Wiaderko na śmieci
Poštni nabiralnik
Skrzynka na listy
Vrt
Ogród

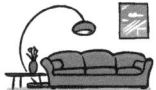

Dnevna soba

Pokój dzienny

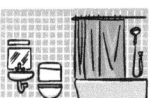

Kopalnica

Łazienka

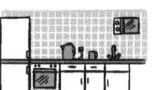

Kuhinja

Kuchnia

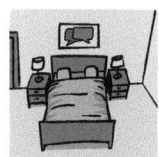

Spalnica

Sypialnia

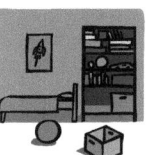

Otroška soba

Pokój dziecięcy

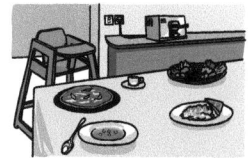

Jedilnica

Jadalnia

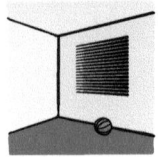

Tla
....
Ziemia

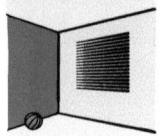

Stena
....
Ściana

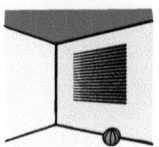

Strop
....
Koc

Klet
....
Piwnica

Savna
....
Sauna

Balkon
....
Balkon

Terasa
....
Taras

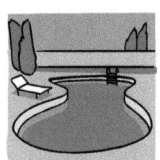

Bazen
....
Basen

Kosilnica
....
Kosiarka do trawy

Rjuha
....
Poszwa

Posteljno pregrinjalo
....
Kołdra

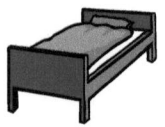

Postelja
....
Łóżko

Metla
....
Miotła

Vedro
....
Wiadro

Stikalo
....
Włącznik

Dnevna soba
Pokój dzienny

Tapeta
Tapeta
Slika
Obraz
Svetilka
Lampa
Polica
Regał
Omara
Szafa
Televizor
Telewizor
Kamin
Komin
Cvetlica
Kwiat
Blazina
Poduszka
Zofa
Kanapa
Vaza
Wazon
Daljinski upravljalnik
Pilot

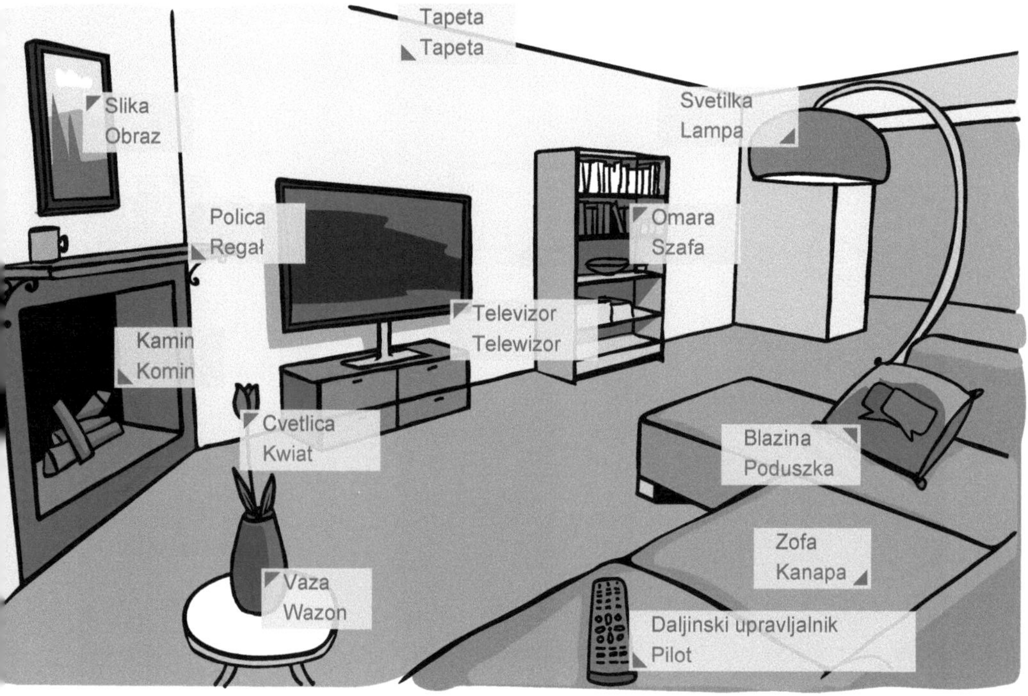

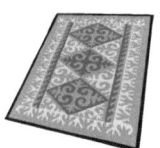

Preproga
Dywan

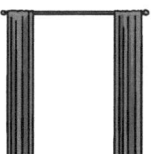

Zavesa
Zasłona

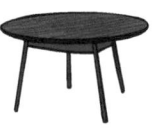

Miza
Stół

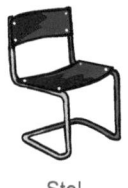

Stol
Krzesło

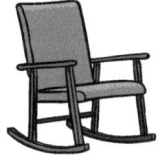

Gugalnik
Bujak

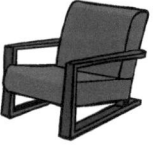

Naslanjač
Fotel

Knjiga

Książka

Odeja

Sufit

Dekoracija

Dekoracja

Drva

Drewno kominkowe

Film

Film

Glasbeni stolp

Instalacja stereo

Ključ

Klucz

Časopis

Gazeta

Slika

Malunek

Plakat

Plakat

Radio

Radio

Beležka

Notatnik

Sesalnik

Odkurzacz

Kaktus

Kaktus

Sveča

Świeczka

Kuhinja
Kuchnia

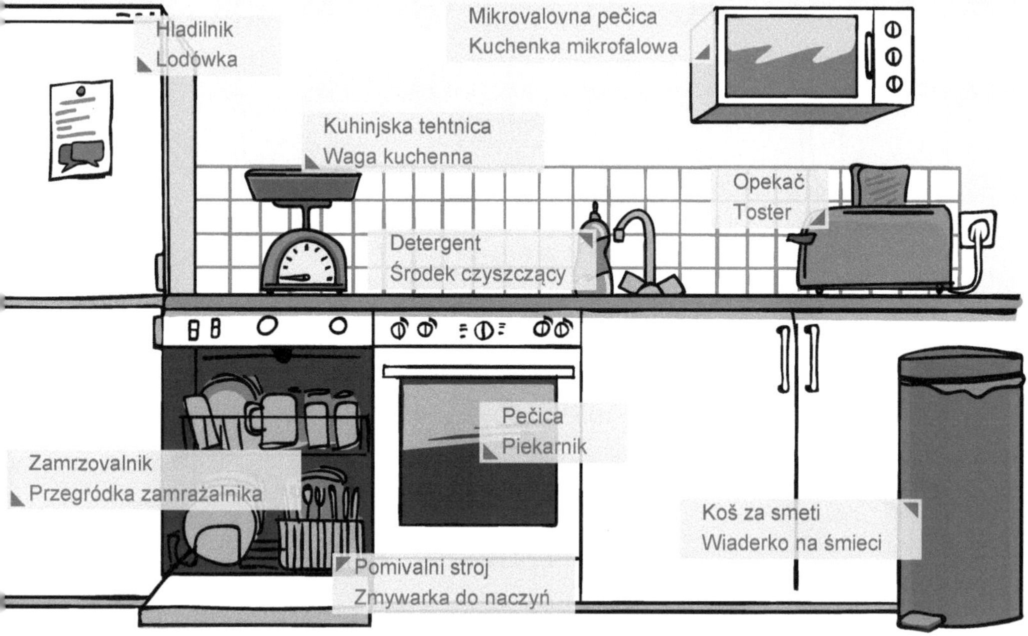
Hladilnik
Lodówka
Mikrovalovna pečica
Kuchenka mikrofalowa
Kuhinjska tehtnica
Waga kuchenna
Opekač
Toster
Detergent
Środek czyszczący
Pečica
Piekarnik
Zamrzovalnik
Przegródka zamrażalnika
Koš za smeti
Wiaderko na śmieci
Pomivalni stroj
Zmywarka do naczyń

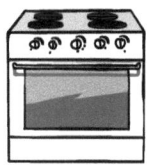

Kozica
Kuchenka

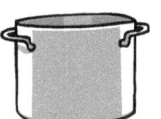

Lonec
Garnek

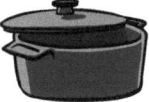

Litoželezni lonec
Kocioł żeliwny

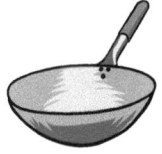

Vok / kadai
Wok / Kadai

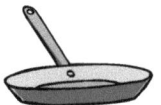

Ponev
Patelnia

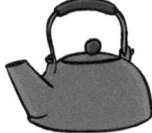

Kotliček
Czajnik

Parni kuhalnik

Parowar

Pekač

Blacha do pieczenia

Posoda

Naczynia kuchenne

Skodelica

Kubek

Skleda

Miska

Jedilne paličice

Pałeczki

Zajemalka

Nabierka

Lopatica

Łopatka do smażenia

Metlica

Trzepaczka do śmietany

Cedilnik

Cedzak

Cedilo

Sitko

Strgalo

Tarka

Možnar

Moździerz

Žar

Grillowanie

Ognjišče

Palenisko

Deska za rezanje
Deska

Valjar
Wałek do ciasta

Odpirač za steklenice
Korkociąg

Pločevinka
Puszka

Odpirač za konzerve
Otwieracz do puszek

Prijemalka za posodo
Ściereczka do trzymania garnka

Korito
Umywalka

Ščetka
Szczotka

Goba
Gąbka

Mešalnik
Mikser

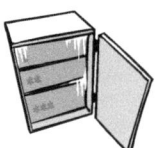

Zamrzovalna skrinja
Zamrażarka

Steklenička
Butelka dla niemowlęcia

Pipa
Kran

Kopalnica

Łazienka

Ogrevanje
Ogrzewanie
Brisača
Ręcznik
Prha
Prysznic
Zavesa za prho
Kotara prysznicowa
Peneča kopel
Płyn do kąpieli
Kopalna kad
Wanna kąpielowa
Kozarec
Szklanka
Pralni stroj
Pralka
Pipa
Kran
Ploščice
Kafelki
Kahlica
Nocnik
Korito
Umywalka

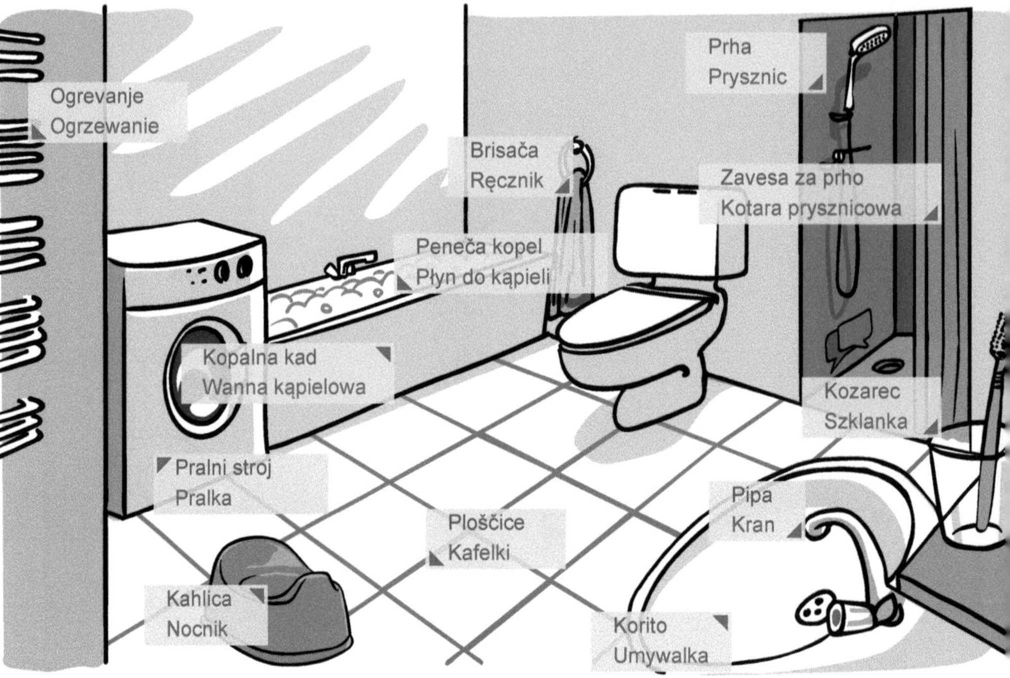

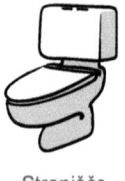

Stranišče

Toaleta

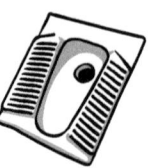

Stranišče na počep

Toaleta kuczna

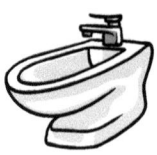

Bide

Bidet

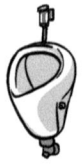

Pisoar

Pisuar

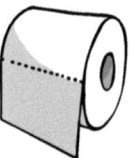

Toaletni papir

Papier toaletowy

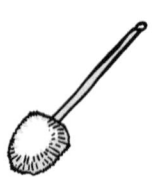

Ščetka za straniščno školjko

Szczotka toaletowa

Zobna ščetka

Szczoteczka do zębów

Zobna pasta

Pasta do zębów

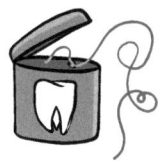

Zobna nitka

Nitki do czyszczenia zębów

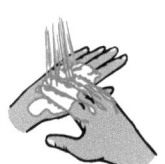

Umiti se

myć

Ročna prha

Głowica prysznicowa

Prha za intimne dele

Płyn kąpielowy do higieny intymnej

Umivalnik

Miska do mycia

Krtača za hrbet

Szczotka kąpielowa

Milo

Mydło

Gel za prhanje

Żel prysznicowy

Šampon

Szampon

Krpica za miljenje

Rękawica kąpielowa

Odtok

Odpływ

Krema

Krem

Deodorant

Dezodorant

Ogledalo

Lustro

Ročno ogledalo

Lustro kosmetyczne

Britvica

Golarka

Pena za britje

Pianka do golenia

Vodica po britju

Woda po goleniu

Glavnik

Grzebień

Ščetka

Szczotka

Sušilnik za lase

Suszarka do włosów

Lak za lase

Spray do włosów

Ličila

Makijaż

Šminka

Pomadka

Lak za nohte

Lakier do paznokci

Vatirane blazinice

Wata

Škarjice za nohte

Nożyczki do paznokci

Parfum

Perfum

Toaletna torbica

Kosmetyczka

Stol brez naslonjala

Taboret

Osebna tehtnica

Waga

Kopalni plašč

Szlafrok kąpielowy

Gumijaste rokavice

Rękawice gumowe

Tampon

Tampon

Damski vložki

Podpaska damska

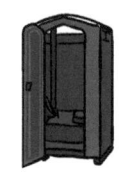

Kemično stranišče

Toaleta chemiczna

Otroška soba
Pokój dziecięcy

Budilka
Budzik
Plišasta igrača
Pluszowa przytulanka
Avtomobilček
Samochodzik
Ropotuljica
Grzechotka
Hiška za punčke
Domek dla lalek
Darilo
Prezent

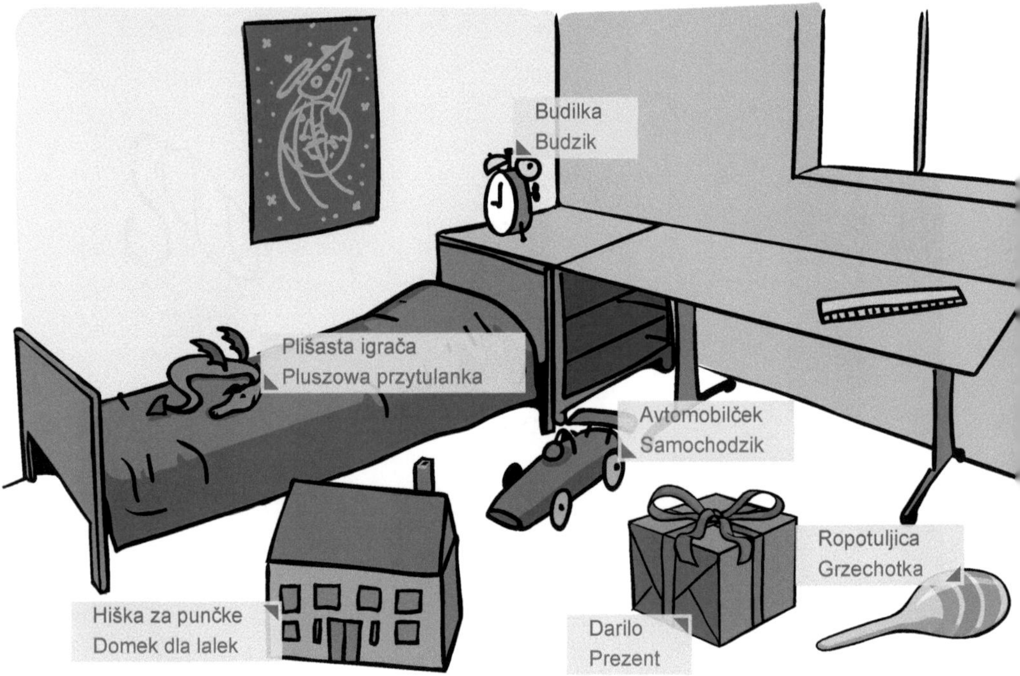

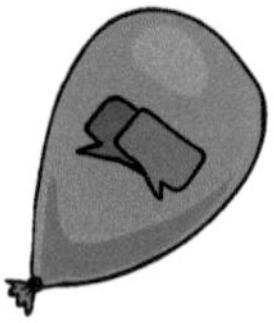

Balon
Balon

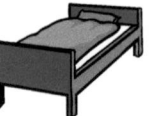

Postelja
Łóżko

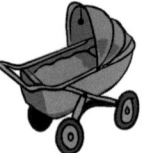

Otroški voziček
Wózek dziecięcy

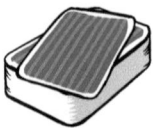

Igralne karte
Gra w karty

Sestavljanka
Puzzle

SUPER
MEGA

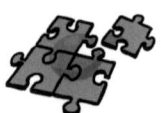

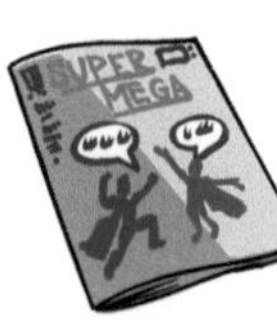

Strip
Komiks

Lego kocke

Klocki lego

Igralne kocke

Klocki

Akcijska figura

Action figura

Bodi

Śpioszek dziecięcy

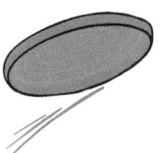

Frizbi

Frisbee

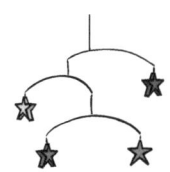

Vrtiljak za posteljico

Zabawki ruchome

Namizna igra

Gra planszowa

Kocka

Kości

Komplet modelov vlakov

Kolejka elektryczna

Duda

Smoczek

Zabava

Przyjęcie

Slikanica

Książka z ilustracjami

Žoga

Piłka

Lutka

Lalka

Igrati se

bawić się

Peskovnik

Piaskownica

Gugalnica

Huśtawka

Igrače

Zabawki

Igralna konzola

Konsola do gier

Tricikel

Rowerek trójkołowy

Plišasti medvedek

Pluszowy miś

Garderoba

Szafa ubraniowa

Oblačilo

Ubiór

Nogavice

Skarpety

Samostoječe nogavice

Pończochy

Hlačne nogavice

Rajstopy

Šal
Szal

Dežnik
Parasol

Pas
Pasek

Majica s kratkimi rokavi
T-Shirt

Škornji
Kozaki

Copati
Pantofle domowe

Športni copati
Obuwie sportowe

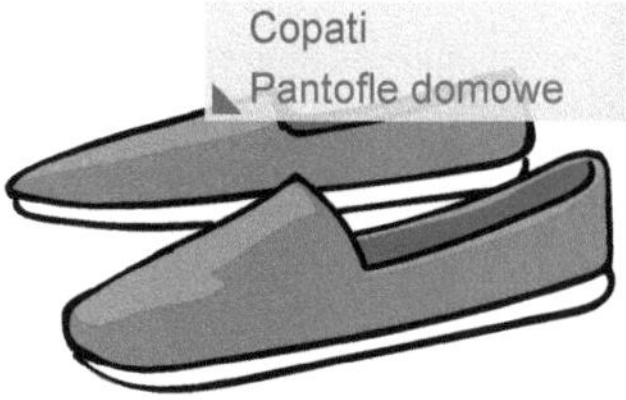

Sandali

Sandały

Čevlji

Buty

Gumijasti škornji

Kalosze

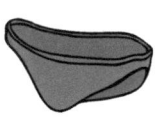

Spodnje hlače

Majtki

Modrček

Biustonosz

Telovnik

Podkoszulek

Bodi
Body

Hlače
Spodnie

Kavbojke
Dżins

Krilo
Spódnica

Bluza
Bluzka

Srajca
Koszula

Pulover
Pulower

Pletena jopica
Bluza sportowa

Jopa
Marynarka

Jakna
Kurtka

Plašč
Płaszcz

Dežni plašč
Płaszcz przeciwdeszczowy

Kostim
Kostium

Obleka
Sukienka

Poročna obleka
Suknia ślubna

Obleka
Garnitur męski

Spalna srajca
Koszula nocna

Piżama
Piżama

Sari
Sari

Naglavna ruta
Chusta na głowę

Turban
Turban

Burka
Burka

Kaftan
Kaftan

Abaja
Abaya

Kopalke
Strój kąpielowy

Kopalne hlače
Kąpielówki

Kratke hlače
Krótkie spodnie

Trenirka
Dres sportowy

Predpasnik
Fartuch

Rokavice
Rękawiczki

Gumb

Guzik

Očala

Okulary

Zapestnica

Bransoletka

Verižica

Łańcuszek

Prstan

Pierścionek

Uhan

Kolczyk

Kapa

Czapka

Obešalnik

Wieszak

Klobuk

Kapelusz

Kravata

Krawat

Zadrga

Zamek błyskawiczny

Čelada

Kask

Naramnice

Szelki

Šolska uniforma

Mundurek szkolny

Uniforma

Mundur

Slinček
....
Śliniaczek

Duda
....
Smoczek

Plenica
....
Pieluszka

Pisarna
Biuro

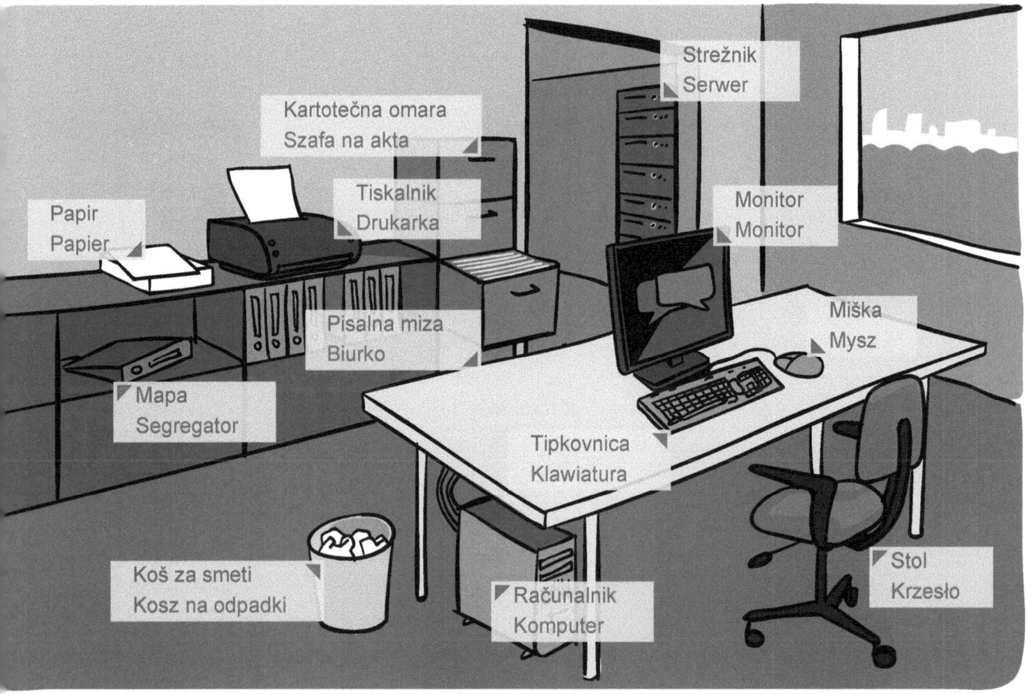

Strežnik
Serwer

Kartotečna omara
Szafa na akta

Tiskalnik
Drukarka

Monitor
Monitor

Papir
Papier

Pisalna miza
Biurko

Miška
Mysz

Mapa
Segregator

Tipkovnica
Klawiatura

Koš za smeti
Kosz na odpadki

Stol
Krzesło

Računalnik
Komputer

Lonček za kavo
....
Filiżanka do kawy

Kalkulator
....
Kalkulator

Internet
....
Internet

Prenosnik

Laptop

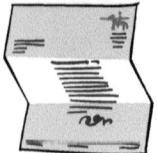

Pismo

List

Sporočilo

Wiadomość

Mobilnik

Komórka

Omrežje

Sieć

Kopirni stroj

Kopiarka

Programska oprema

Oprogramowanie

Telefon

Telefon

Vtičnica

Gniazdko

Telefaks

Faks

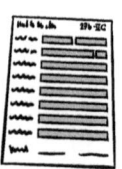

Obrazec

Formularz

Dokument

Dokument

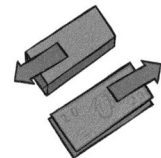

Kupiti

kupić

Plačati

płacić

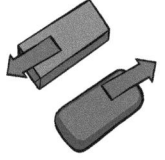

Trgovati

postępować

Denar

Pieniądze

Dolar

Dolar

Evro

Euro

Jen

Jen

Rubelj

Rubel

Švičarski frank

Frank

Kitajski juan renminbi

Juan Renminbi

Rupija

Rupia

Bankomat

Bankomat

Menjalnica

Kantor wymiany walut

Zlato

Złoto

Srebro

Srebro

Nafta

Olej

Energija

Energia

Cena

Cena

Pogodba

Umowa

Davek

Podatek

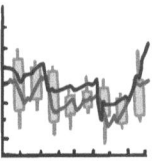

Delnice

Akcja

Delati

pracować

Delojemalec

Pracownik umysłowy

Delodajalec

Pracodawca

Tovarna

Fabryka

Trgovina

Sklep

Poklici
Zawody

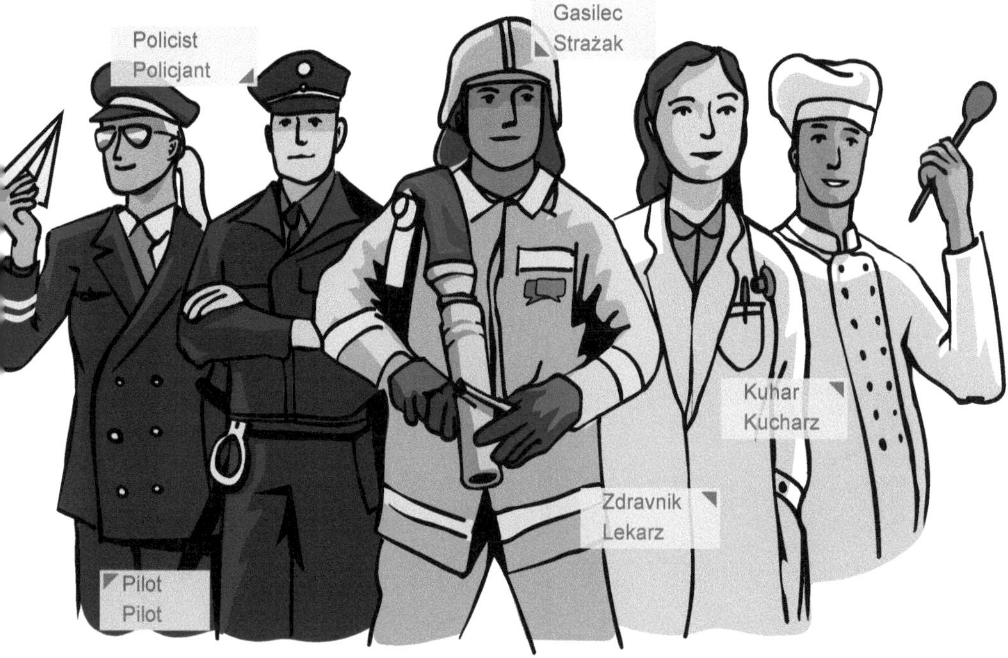

Policist
Policjant
Gasilec
Strażak
Kuhar
Kucharz
Zdravnik
Lekarz
Pilot
Pilot

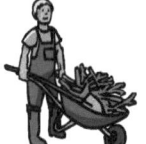

Vrtnar
Ogrodnik

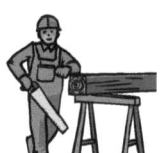

Mizar
Stolarz

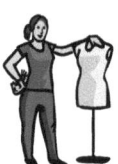

Šivilja
Krawcowa

Sodnik
Sędzia

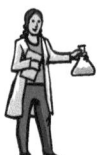

Kemik
Chemik

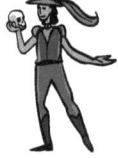

Igralec
Aktor

Voznik avtobusa

Kierowca autobusu

Taksist

Taksówkarz

Ribič

Fischer

Čistilka

Sprzątaczka

Krovec

Dekarz

Natakar

Kelner

Lovec

Myśliwy

Pleskar

Malarz

Pek

Piekarz

Električar

Elektryk

Gradbenik

Robotnik budowlany

Inženir

Inżynier

Mesar

Rzeźnik

Vodovodni inštalater

Instalator

Poštar

Listonosz

Poklici - Zawody

Vojak
Żołnierz

Arhitekt
Architekt

Blagajnik
Kasjer

Cvetličar
Florysta

Frizer
Fryzjer

Sprevodnik
Konduktor

Mehanik
Mechanik

Kapitan
Kapitan

Zobozdravnik
Dentysta

Znanstvenik
Naukowiec

Rabin
Rabin

Imam
Imam

Menih
Mnich

Duhovnik
Proboszcz

Orodje
Narzędzia

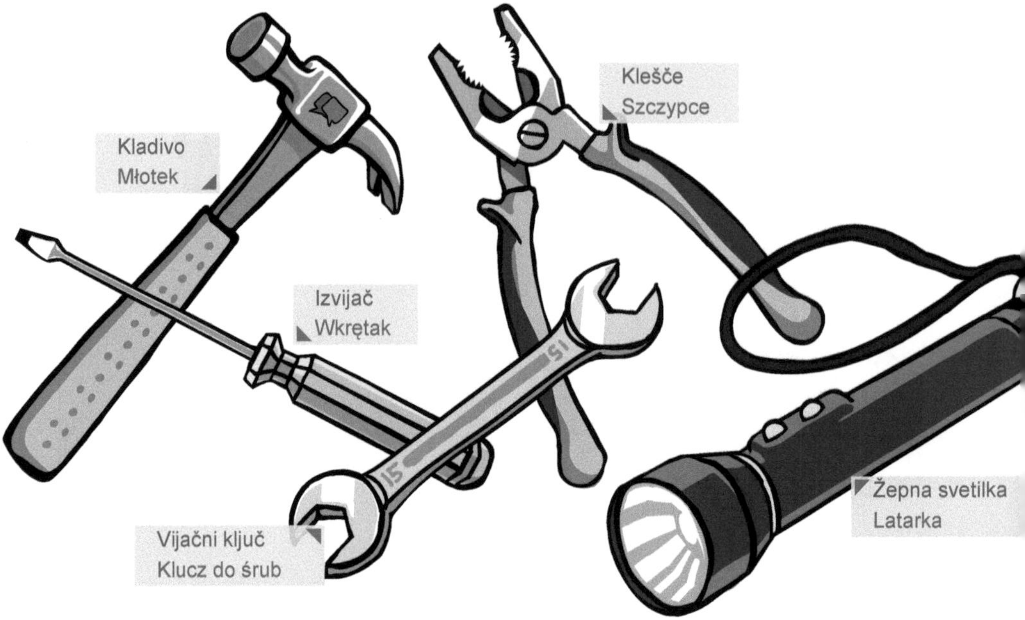
Kladivo
Młotek
Klešče
Szczypce
Izvijač
Wkrętak
Vijačni ključ
Klucz do śrub
Žepna svetilka
Latarka

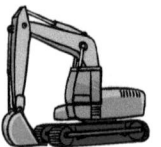

Bager

Koparka

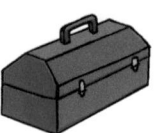

Zaboj z orodjem

Skrzynka narzędziowa

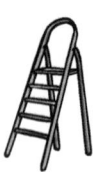

Lestev

Drabina

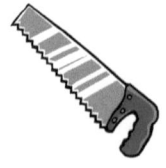

Žaga

Piła

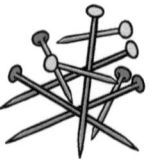

Žeblji

Gwoździe

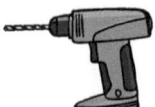

Vrtalnik

Wiertło

Popraviti

naprawić

Lopata

Łopatka

Šment!

Cholera!

Smetišnica

Szufelka

Posoda z barvo

Puszka z farbą

Vijaki

Śruby

Glasbeni instrument
Instrumenty muzyczne

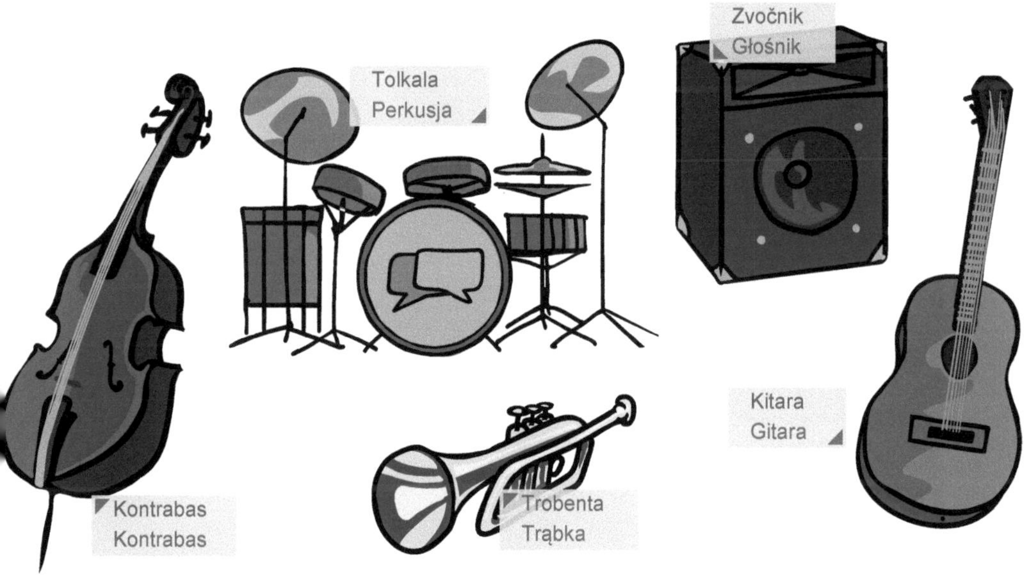

Tolkala
Perkusja

Zvočnik
Głośnik

Kontrabas
Kontrabas

Trobenta
Trąbka

Kitara
Gitara

Klavir

Pianino

Violina

Skrzypce

Bas kitara

Bas

Pavke

Kotły

Bobni

Bęben

Sintetizator

Keyboard

Saksofon

Saksofon

Flavta

Flet

Mikrofon

Mikrofon

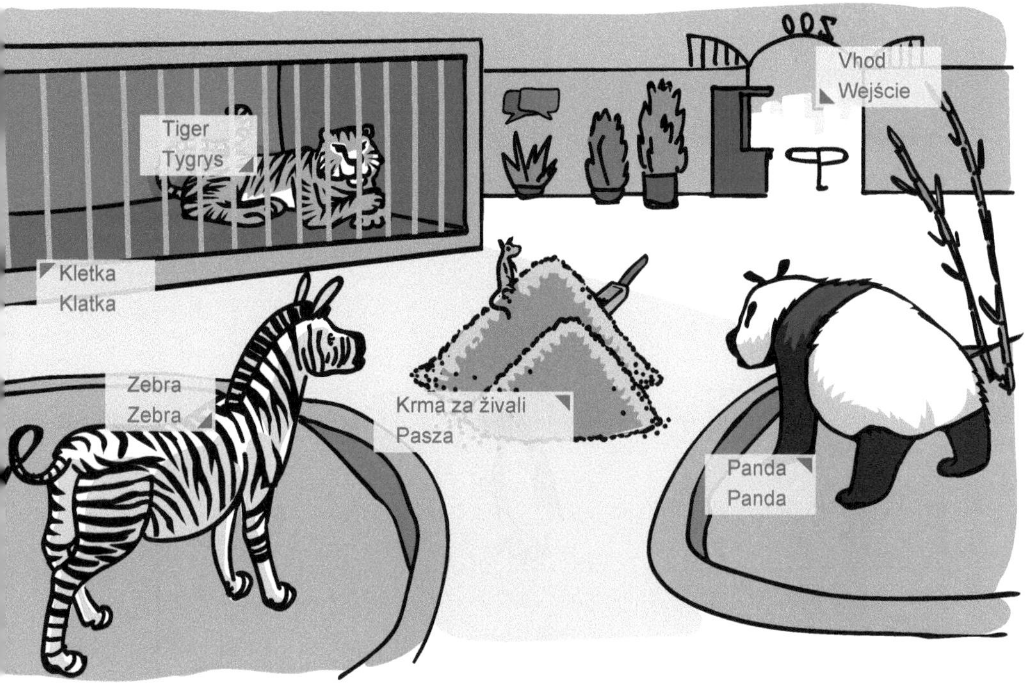

Vhod
Wejście

Tiger
Tygrys

Kletka
Klatka

Zebra
Zebra

Krma za živali
Pasza

Panda
Panda

Živali

Zwierzęta

Slon

Słoń

Kenguru

Kangur

Nosorog

Nosorożec

Gorila

Goryl

Medved

Niedźwiedź

Kamela

Wielbłąd

Noj

Struś

Lev

Lew

Opica

Małpa

Plamenec

Fleming

Papagaj

Papuga

Severni medved

Niedźwiedź polarny

Pingvin

Pingwin

Morski pes

Rekin

Pav

Paw

Kača

Wąż

Krokodil

Krokodyl

Oskrbnik v živalskem vrtu

Dozorca w zoo

Tjulenj

Foka

Jaguar

Jaguar

Poni

Kucyk

Leopard

Gepard

Povodni konj

Hipopotam

Žirafa

Żyrafa

Orel

Orzeł

Divji prašič

Dzik

Riba

Ryba

Želva

Żółw

Mrož

Mors

Lisica

Lis

Gazela

Gazela

Ameriški nogomet
Futbol amerykański

Kolesarjenje
Kolarstwo

Tenis
Tenis

Košarka
Koszykówka

Plavanje
Pływanie

Hokej
Hokej na lodzie

Boks
Boks

Nogomet
Piłka nożna

Badminton
Badminton

Atletika
Lekka atletyka

Rokomet
Piłka ręczna

Smučanje
Narciarstwo

Polo
Polo

Dejavnosti
Działania

Smejati se
śmiać się
Skočiti
skakać
Objeti
objąć
Hoditi
iść
Peti
śpiewać
Sanjati
marzyć
Moliti
modlić się
Poljubiti
całować

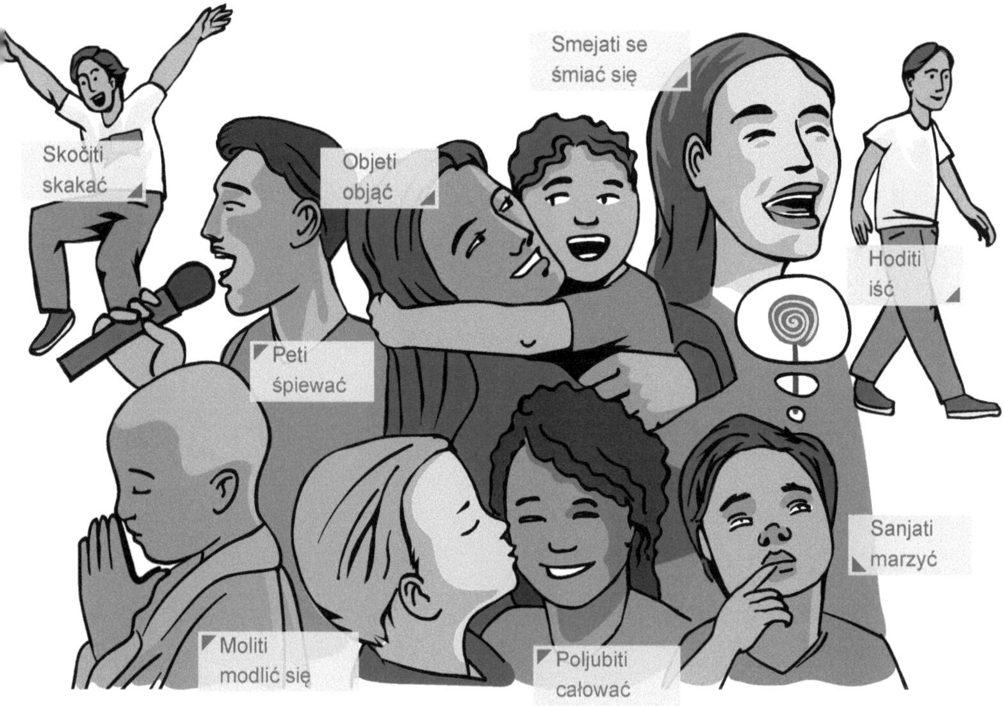

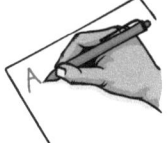

Pisati
pisać

Risati
rysować

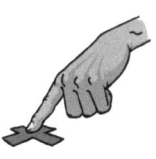

Pokazati
pokazywać

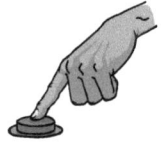

Potisniti
nacisnąć

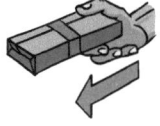

Dati
dać

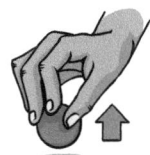

Vzeti
wziąć

Imeti

mieć

Narediti

robić

Biti

być

Stati

stać

Teči

biegać

Vleči

ciągnąć

Vreči

rzucać

Pasti

spaść

Ležati

leżeć

Čakati

czekać

Nositi

nosić

Sedeti

siedzieć

Obleči se

zakładać

Spati

spać

Zbuditi se

budzić się

Gledati

spojrzeć

Jokati

płakać

Božati

głaskać

Česati se

czesać się

Govoriti

mówić

Razumeti

rozumieć

Vprašati

pytać

Poslušati

słyszeć

Piti

pić

Jesti

jeść

Pospraviti

sprzątać

Ljubiti

kochać

Kuhati

gotować

Voziti

jechać

Leteti

latać

Jadrati

żeglować

Računanje

liczyć

Brati

czytać

Učiti se

uczyć się

Delati

pracować

Poročiti se

wejść w związek małżeński

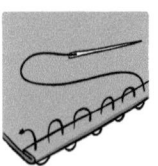

Šivati

szyć

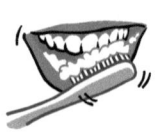

Ščetkati si zobe

myć zęby

Ubiti

zabić

Kaditi

palić tytoń

Poslati

wysłać

Družina
Rodzina

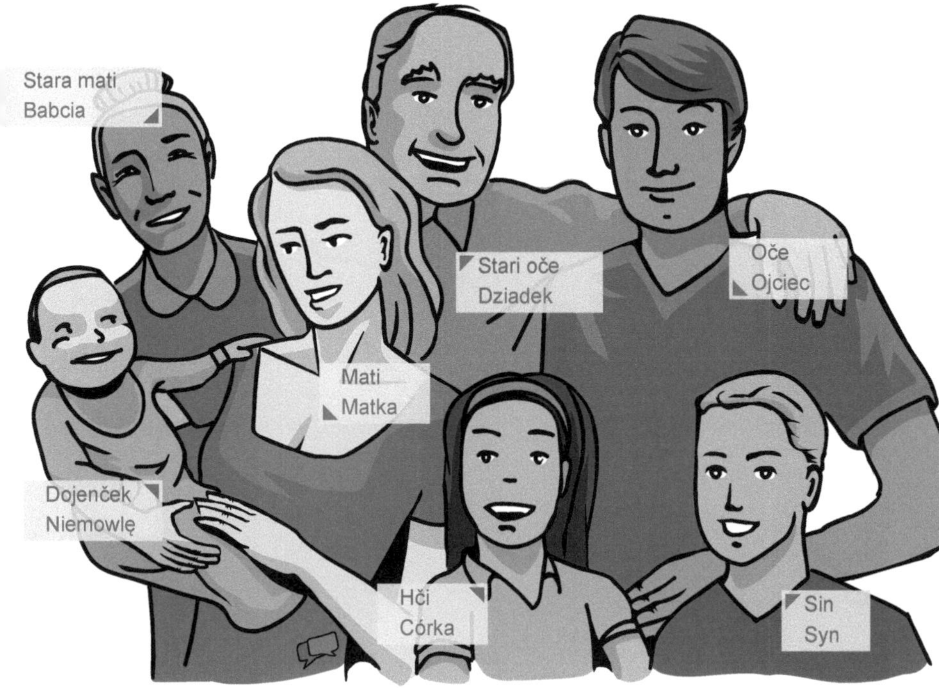

Stara mati
Babcia
Stari oče
Dziadek
Oče
Ojciec
Mati
Matka
Dojenček
Niemowlę
Hči
Córka
Sin
Syn

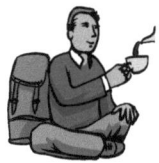

Gost

Gość

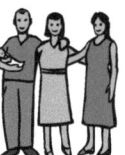

Teta

Ciotka

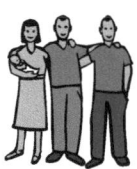

Stric

Wujek

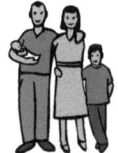

Brat

Brat

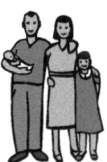

Sestra

Siostra

Telo

Ciało

Čelo
Czoło
Oko
Oko
Rama
Ramię
Prst
Palec
Obraz
Twarz
Brada
Broda
Dlan
Ręka
Noga
Noga
Prsi
Pierś
Roka
Ramię

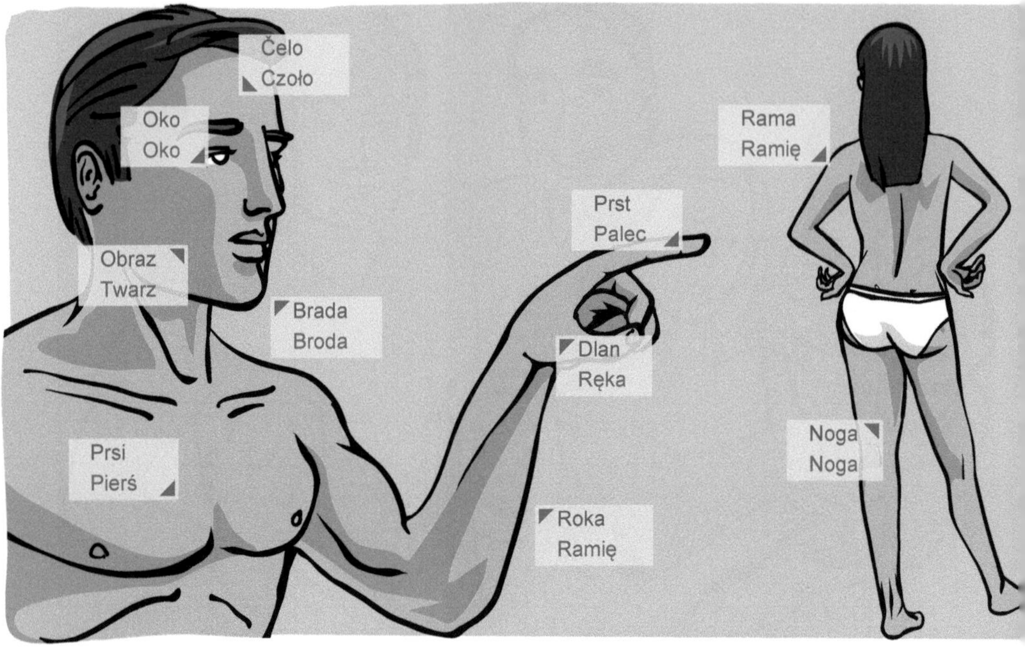

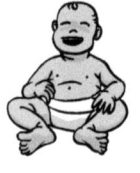

Dojenček

Niemowlę

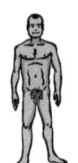

Človek

Mężczyzna

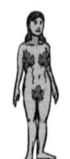

Ženska

Kobieta

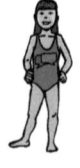

Dekle

Dziewczyna

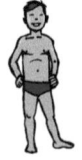

Fant

Chłopiec

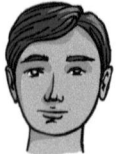

Glava

Głowa

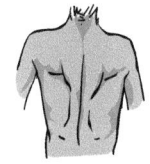

Hrbet
....
Plecy

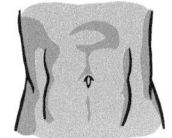

Trebuh
....
Brzuch

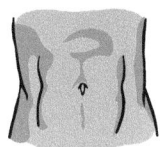

Popek
....
Pępek

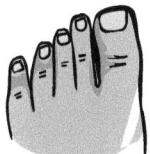

Prst na nogi
....
palec nogi

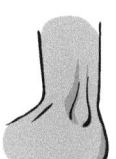

Peta
....
Pięta

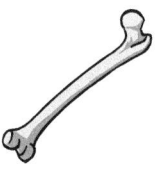

Kost
....
Kość

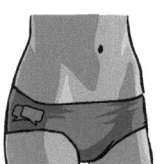

Kolk
....
Biodro

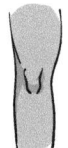

Koleno
....
Kolano

Komolec
....
Łokieć

Nos
....
Nos

Zadnjica
....
Pośladki

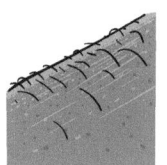

Koža
....
Skóra

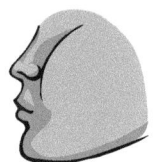

Lice
....
Policzek

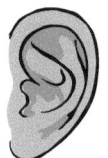

Uho
....
Uszy

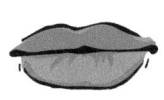

Ustnica
....
Warga

Usta

Usta

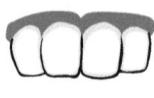

Zob

Ząb

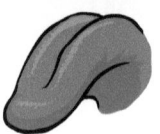

Jezik

Język

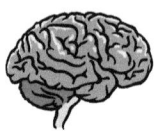

Možgani

Mózg

Srce

Serce

Mišica

Mięsień

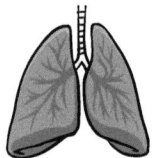

Pljuča

Płuca

Jetra

Wątroba

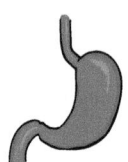

Želodec

Żołądek

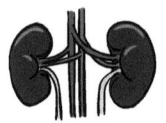

Ledvice

Nerki

Spolni odnos

Stosunek płciowy

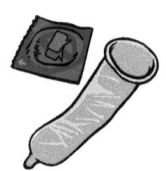

Kondom

Kondom

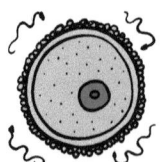

Jajčece

Komórka jajowa

Semenska tekočina

Sperma

Nosečnost

Ciąża

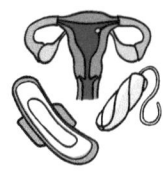

Menstruacija

Menstruacja

Vagina

Wagina

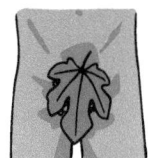

Penis

Penis

Obrv

Brew

Lasje

Włosy

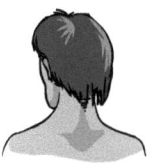

Vrat

Szyja

Bolnišnica
Szpital

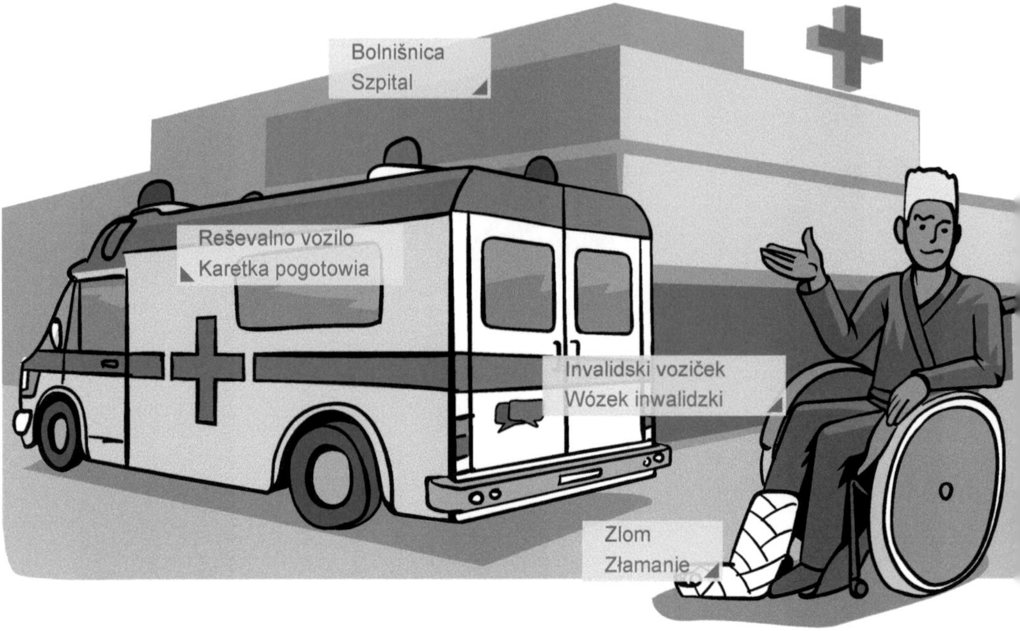

Bolnišnica
Szpital
Reševalno vozilo
Karetka pogotowia
Invalidski voziček
Wózek inwalidzki
Zlom
Złamanie

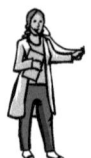

Zdravnik

Lekarz

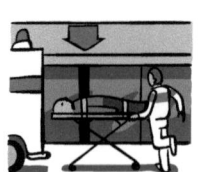

Urgenca

Izba przyjęć

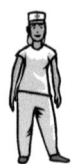

Medicinska sestra

Pielęgniarka

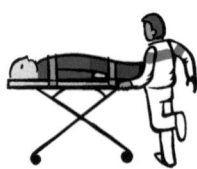

Nujni primer

Nagły przypadek

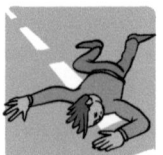

Nezavesten

nieprzytomny

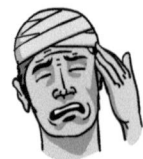

Bolečina

Ból

	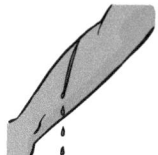	
Poškodba	**Krvavenje**	**Srčni infarkt**
Skaleczenie	Krwawienie	Zawał serca

Kap	**Alergija**	**Kašelj**
Udar mózgu	Alergia	Kaszleć

Vročina	**Gripa**	**Driska**
Gorączka	Grypa	Biegunka
		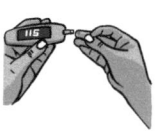
Glavobol	**Rak**	**Sladkorna bolezen**
Ból głowy	Rak	Cukrzyca

Kirurg	**Skalpel**	**Operacija**
Chirurg	Skalpel	Operacja

CT

CT

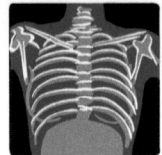

Rentgen

Rentgen

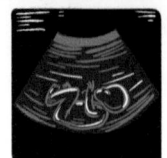

Ultrazvok

Ultradźwięki

Obrazna maska

Maska

Bolezen

Choroba

Čakalnica

Poczekalnia

Bergla

Kula

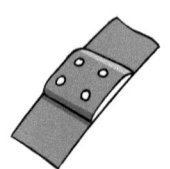

Obliž

Plaster

Preveza

Opatrunek

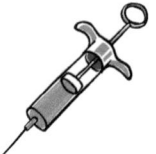

Injekcija

Iniekcja

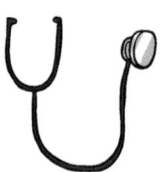

Stetoskop

Stetoskop

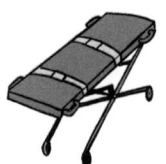

Nosila

Nosze

Klinični termometer

Termometr

Porod

Poród

Prekomerna teža

Nadwaga

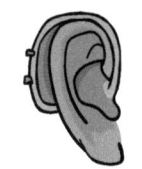

Slušni pripomoček

Aparat słuchowy

Razkužilo

Środek dezynfekcyjny

Okužba

Infekcja

Virus

Wirus

HIV / AIDS

HIV / AIDS

Medicina

Medycyna

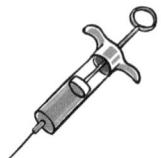

Cepljenje

Szczepienie

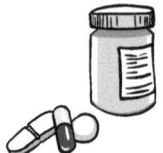

Tablete

Tabletki

Tableta

Pigułka

Klic v sili

Telefon ratunkowy

Merilnik krvnega tlaka

Ciśnieniomierz krwi

bolano / zdravo

chory / zdrowy

Na pomoč!

Pomocy!

Alarm

Alarm

Napad

Napad

Napad

Atak

Nevarnost

Niebezpieczeństwo

Izhod v sili

Wyjście awaryjne

Gori!

Pożar!

Gasilni aparat

Gaśnica

Nezgoda

Wypadek

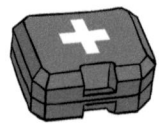

Komplet za prvo pomoč

Walizeczka pierwszej
pomocy

SOS

SOS

Policija

Policja

Evropa

Europa

Severna Amerika

Ameryka Północna

Južna Amerika

Ameryka Południowa

Afrika

Afryka

Azija

Azja

Avstralija

Australia

Atlantski ocean

Atlantyk

Tihi ocean

Pacyfik

Indijski ocean

Ocean Indyjski

Južni ocean

Ocean Antarktyczny

Arktični ocean

Ocean Arktyczny

Severni tečaj

Biegun północny

Južni tečaj
....
Biegun południowy

Antarktika
....
Antarktyda

Zemlja
....
Ziemia

Kopno
....
Kraj

Morje
....
Morze

Otok
....
Wyspa

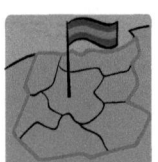

Narod
....
Naród

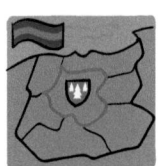

Država
....
Państwo

Številčnica

Cyferblat

Urni kazalec

Wskazówka godzinowa

Minutni kazalec

Wskazówka minutowa

Sekundni kazalec

Wskazówka sekundowa

Koliko je ura?

Która godzina?

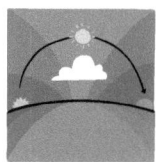

Dan

Dzień

Čas

Czas

Zdaj

teraz

Digitalna ura

Zegarek digitalny

Minuta

Minuta

Ura

Godzina

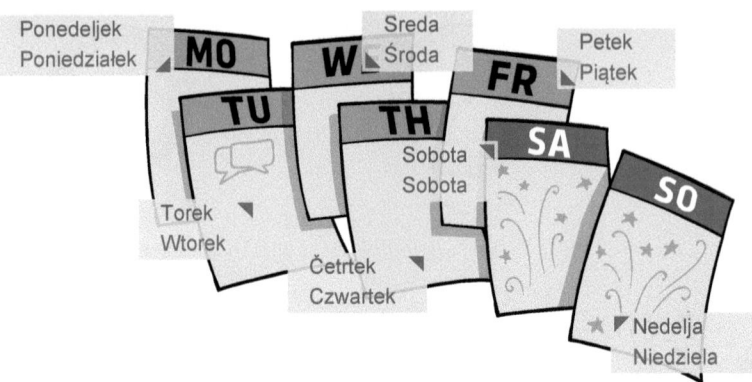

Ponedeljek
Poniedziałek

Sreda
Środa

Petek
Piątek

Torek
Wtorek

Sobota
Sobota

Četrtek
Czwartek

Nedelja
Niedziela

Včeraj

wczoraj

Danes

dzisiaj

Jutri

jutro

Jutro

Rano

Poldne

Południe

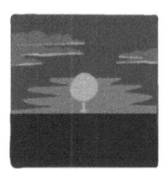

Večer

Wieczór

Delovni dnevi

Dni robocze

Konec tedna

Weekend

Leto
Rok

Dež
Deszcz
Mavrica
Tęcza
Veter
Wiatr
Sneg
Śnieg
Pomlad
Wiosna
Poletje
Lato
Jesen
Jesień
Zima
Zima

4.APRIL 11°
5.APRIL 4°
6.APRIL 13°
7.APRIL 8°
8.APRIL 10°

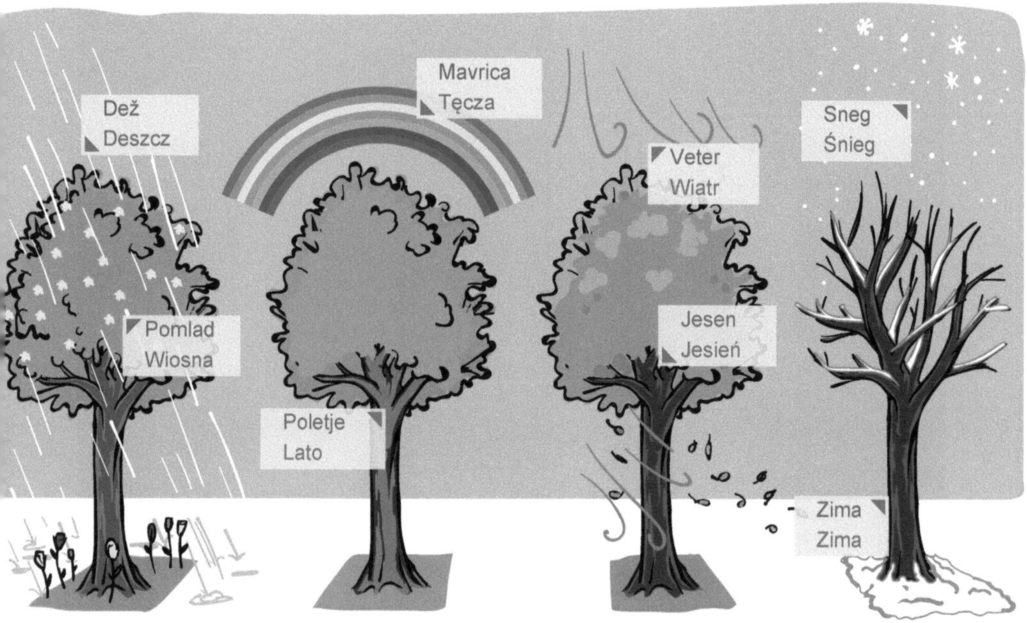

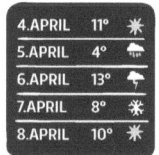

Vremenska napoved

Prognoza pogody

F C
120 40
90 30
60 20
30 10
0 0
-30 -10
-20

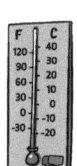

Termometer

Termometr

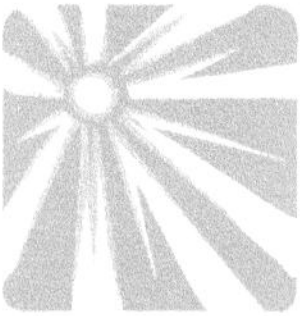

Sončna svetloba

Światło słoneczne

Oblak

Chmura

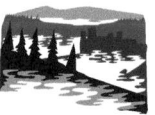

Megla

Mgła

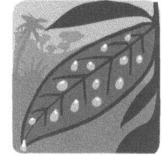

Vlažnost

Wilgotność powietrza

Strela

Błyskawica

Grom

Grzmot

Nevihta

Sztorm

Toča

Grad

Monsun

Monsun

Poplava

Potop

Led

Lód

Januar

Styczeń

Februar

Luty

Marec

Marzec

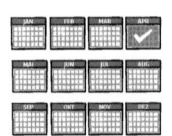

April

Kwiecień

Maj

Maj

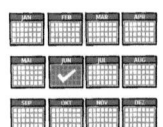

Junij

Czerwiec

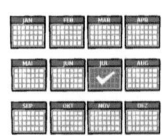

Julij

Lipiec

Avgust

Sierpień

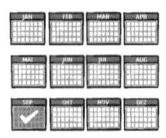

September
....
Wrzesień

Oktober
....
Październik

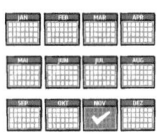

November
....
Listopad

December
....
Grudzień

Oblike
Kształty

Krogla
....
Koło

Kvadrat
....
Kwadrat

Pravokotnik
....
Prostokąt

Trikotnik
....
Trójkąt

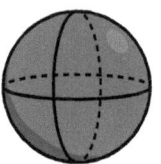

Krogla
....
Kula

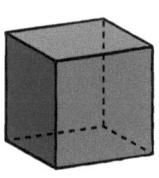

Kocka
....
Sześcian

Bela

biały

Rumena

żółty

Oranžna

pomarańczowy

Rožnata

różowy

Rdeča

czerwony

Vijolična

liliowy

Modra

niebieski

Zelena

zielony

Rjava

brązowy

Siva

szary

Črna

czarny

veliko / malo

dużo / mało

jezno / umirjeno

wściekły / spokojny

lepo / grdo

piękny / brzydki

začetek / konec

początek / koniec

veliko / majhno

duży / mały

svetlo / temno

jasny / ciemny

brat / sestra

brat / siostra

čisto / umazano

czysty / brudny

popolno / nepopolno

kompletny / niekompletny

dan / noč

dzień / noc

mrtvo / živo

umarły / żywy

široko / ozko

szeroki / wąski

užitno / neužitno

jadalny / niejadalny

zlobno / prijazno

zły / uprzejmy

vznemirjeno / zdolgočaseno

podniecony / znudzony

debelo / vitko

gruby / chudy

prvo / zadnje

najpierw / na końcu

prijatelj / sovražnik

przyjaciel / wróg

polno / prazno

pełen / pusty

trdo / mehko

twardy / miękki

težko / lahko

ciężki / lekki

lakota / žeja

głód / pragnienie

bolano / zdravo

chory / zdrowy

nezakonito / zakonito

nielegalny / legalny

pametno / neumno

inteligentny / głupi

levo / desno

lewo / prawo

blizu / daleč

bliski / daleki

novo / rabljeno

nowy / używany

nič / nekaj

nic / coś

staro / mlado

stary / młody

vklopljeno / izklopljeno

włącz / wyłącz

odprto / zaprto

otwarty / zamknięty

tiho / glasno

cichy / głośny

bogato / revno

bogaty / biedny

prav / narobe

prawidłowy / błędny

grobo / gladko

chropowaty / gładki

žalostno / veselo

smutny / szczęśliwy

kratko / dolgo

krótki / długi

počasi / hitro

powolny / szybki

mokro / suho

mokry/suchy

toplo / hladno

ciepły / chłodny

vojna / mir

wojna / pokój

0	**1**	**2**
Ničla	Ena	Dva
zero	jeden	dwa

3	**4**	**5**
Tri	Štiri	Pet
trzy	cztery	pięć

6	**7**	**8**
Šest	Sedem	Osem
sześć	siedem	osiem

9	**10**	**11**
Devet	Deset	Enajst
dziewięć	dziesięć	jedenaście

12

Dvanajst

dwanaście

13

Trinajst

trzynaście

14

Štirinajst

czternaście

15

Petnajst

piętnaście

16

Šestnajst

szesnaście

17

Sedemnajst

siedemnaście

18

Osemnajst

osiemnaście

19

Devetnajst

dziewiętnaście

20

Dvajset

dwadzieścia

100

Sto

sto

1.000

Tisoč

tysiąc

1.000.000

Milijon

milion

Angleščina

Angielski

Ameriška angleščina

Angielski amerykański

Mandarinščina

Chiński mandaryński

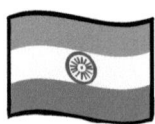

Hindujščina

Hindi

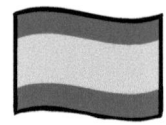

Španščina

Hiszpański

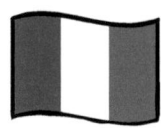

Francoščina

Francuski

Arabščina

Arabski

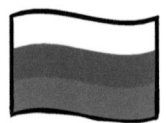

Ruščina

Rosyjski

Portugalščina

Portugalski

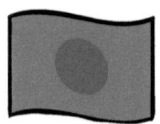

Bengalščina

Bengalski

Nemščina

Niemiecki

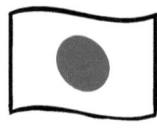

Japonščina

Japoński

Jaz

ja

Ti

ty

On / ona / tisto

on / ona / ono

Mi

my

Vi

wy

Oni

oni

Kdo?

kto?

Kaj?

co?

Kako?

jak?

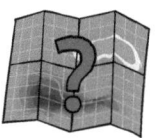

Kje?

gdzie?

Kdaj?

kiedy?

Ime

Nazwisko

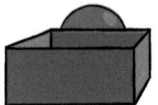

Zadaj
....
za

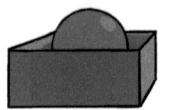

V
....
w

Pred
....
przed

Nad
....
powyżej

Na
....
na

Pod
....
pod

Poleg
....
obok

Med
....
między

Kraj
....
Miejsce